# LES TRAVAILLEURS

ET

# LES COMMUNISTES.

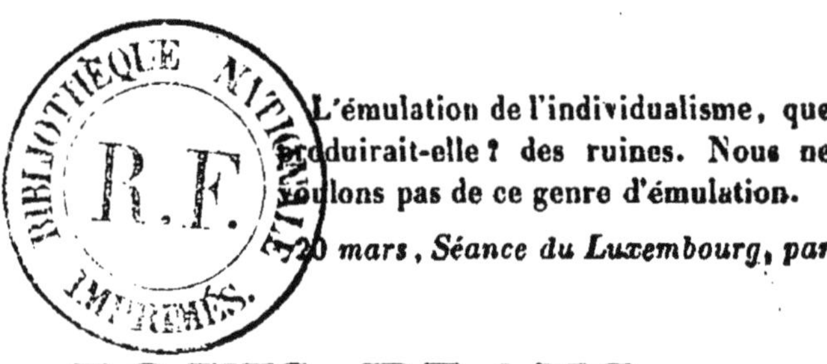


L'émulation de l'individualisme, que produirait-elle ? des ruines. Nous ne voulons pas de ce genre d'émulation.

20 mars, *Séance du Luxembourg*, par

## *LOUIS BLANC.*

Prix : 25 centimes.

PARIS,

| GARNOT, | BARBA. |
|---|---|
| 7, RUE PAVÉE SAINT-ANDRÉ. | 4 BIS, RUE DE LA PAIX. |

1848

Imprimerie de RAYNAL, à Rambouillet.

# LES TRAVAILLEURS

# ET LES COMMUNISTES.

Quand la presse est enchaînée, ou, ce qui est encore pis, quand elle vit sous un régime de liberté fallacieuse, on recherche, on accueille avec faveur comme un acte de courage, le moindre signe de hardiesse dans la pensée et dans l'expression ; on y court comme après une singularité. Lorsque, au contraire, la presse a reconquis toute la franchise de ses coudées, et qu'une acrimonie acerbe éclate dans une polémique furieuse et prête à descendre en armes sur la place publique, les esprits se blasent sur ces véhémences sans danger et partant sans courage; alors ils s'attachent volontiers à cette modération de langage que, dans un autre temps, ils auraient traitée de pusillanime. Il faut plus de force en effet pour se tenir droit entre deux opinions extrêmes qui se heurtent, que pour se laisser entraîner au flot de l'une ou de l'autre. C'est dire assez que si nous abordons la double question des travailleurs et des communistes, c'est avec la ferme résolution de nous abstenir de toute apologie systématique et surtout de ne dresser aucun acte d'accusation préventive. Nous ne promettons pas non plus de porter la lumière dans un chaos devenu de plus en plus inextricable par les efforts mêmes des docteurs qui se sont donné la mission de le débrouiller ; toutefois, cette question complexe étant aujourd'hui l'objet d'une préoccupation universelle, nous avons cru utile d'en parler avec la gravité qu'elle mérite. C'est donc un examen sérieux, réfléchi et surtout consciencieux que nous allons soumettre aux lecteurs, chaque jour plus nombreux, de nos brochures.

Nous ne connaissons pas une utopie, si folle, si absurde qu'on la suppose, où il n'y ait quelque chose de bon à prendre. Par la même raison, il n'existe pas de projet, quelque séduisant qu'il soit en théorie, qui ne renferme de mauvais germes, et nous croyons qu'il y a toujours égalité de sottise entre celui qui admet tout et celui qui n'admet rien. Et si, déposant notre orgueil, nous voulons bien reconnaître les bornes imposées à notre nature incomplète, nous conviendrons qu'il n'existe pas un principe qui, poussé jusqu'à ses dernières conséquences, nous soit applicable, et c'est ainsi que Molière a pu dire que le raisonnement bannissait la raison.

Qu'est-ce, après tout, qu'une théorie? — Un morceau de métal. — Est-il d'or, est-il de cuivre? — Nous n'en savons rien. — Qui nous l'enseignera? — La pierre de touche. — Et quelle est la pierre de touche où se mesure la valeur d'une théorie? — L'application. Il n'en est point d'autre. Jusqu'à ce que l'application ait mis en lumière ce que vaut une théorie, celle-ci n'est qu'un rêve plus ou moins absurde plus ou moins ingénieux, mais un rêve susceptible de devenir une réalité funeste ou féconde.

Il faut donc accueillir toutes les théories et en tenter l'application dans la prévision où elles seraient fécondes; mais, en même temps, renfermer cette application dans des bornes restreintes, dans la prévision où les théories deviendraient funestes. C'est ce que prescrit le plus simple bon sens, et les agriculteurs expérimentés ne procèdent point autrement quand il s'agit de l'introduction, dans leur culture, d'une plante ou d'une céréale nouvelle.

Tout changement n'est pas nécessairement une amélioration, et la multiplicité simultanée des changements ne produit en somme qu'une immense subversion. Pouvons-nous, la main sur la conscience, donner un autre nom aux résultats de la trop grande précipitation apportée à la mise en œuvre de ce que l'on a appelé par antiphrase l'organisation du travail ? Et cependant qui oserait soutenir qu'il n'y eût pas là une pensée grande, utile, féconde en heureux développements, si le temps et l'expérimentation eussent été appelés à les mûrir. Malheureusement les théoriciens, presque sans exception, ont l'esprit ainsi fait, que, engoués de leurs calculs, ils poursuivent leurs chimères comme des réalités et s'acharnent d'autant plus à leur poursuite qu'ils rencontrent d'obstacles. Ils ne ressemblent pas mal à cet auteur dont la pièce venait d'être refusée parce qu'elle était beaucoup trop longue, et qui disait, en reprenant son manuscrit : « J'y ajouterai un sixième acte, et les comédiens seront contents. »

La question du travail proprement dit, n'est pas, ne peut pas être une question. Si c'en était une, le plus grand poète dont s'honore l'Italie l'aurait jugée depuis tout à l'heure cinq siècles. Dans sa *Divina Comedia,* Dante Alighieri exclut les oisifs de son enfer, comme n'étant pas même dignes d'être admis au nombre des damnés. Napoléon, visitant un collége, formula ainsi ses adieux aux écoliers : « Chaque heure de temps perdu est une chance de malheur pour l'avenir. » Les livres saints ne nous ont-ils pas d'ailleurs enseigné que ce monde, sur lequel se débattent nos passions, est l'œuvre de Dieu, qui accomplit son travail dans l'espace de six jours. « Dieu, ajoute la Genèse, se reposa le septième jour. » Ce qui nous enseigne à ne point confondre l'oisiveté avec le repos qui suit le travail, et, par conséquent, à environner de notre respect la propriété légitimement acquise, puisque la propriété n'est pas autre chose que la représentation matérielle et la preuve d'un travail accompli.

Il est donc hors de doute que la fin de l'existence humaine est le travail, auquel chacun doit se livrer selon son aptitude, selon sa vocation ; il n'est pas moins hors de doute que chacun ayant besoin du travail de tous parmi les hommes réunis en société, et que nul par conséquent ne pouvant se suffire à lui-même, il s'ouvrira nécessairement entre eux des voies d'échange dans l'intérêt de tous et dans l'intérêt de chacun. C'est un enseignement primaire que nous révèlent les plus simples notions. Que si maintenant la fin de l'homme, sur cette terre, est le travail, sera-t-il nécessaire de se battre les flancs à grand renfort de grands mots, que la société entière doit honorer le travail dans la personne de chacun des travailleurs, et les honorer également en masse, quelle que soit d'ailleurs la nature de leurs travaux. Voilà ce que prescrit la raison, voilà ce qu'amènera infailliblement le contact réciproque des mœurs et des usages républicains. Cette assimilation indispensable et légitime s'opérera d'autant plus aisément et d'autant plus vite que quelques individus, méconnaissant pour eux-mêmes l'esprit égalitaire qu'ils préconisent, ne chercheront pas à l'imposer. Il est dans la nature humaine de se rendre aux insinuations et surtout aux exemples, et de se cabrer contre les injonctions contraintes.

Et comment n'honorerait-on pas les travailleurs et le travail, puisque dans ce monde le travail est la seule puissance qui participe de la Divinité, en ce sens que, seule, elle est douée de la faculté de créer! Nous ne voyons pas, d'ailleurs, pourquoi on chercherait à isoler les uns des autres, pour élever celui-ci et abjecter celui-là, les anneaux de la longue chaîne qui rallie toutes les industries, autrement dit tous les genres de travaux. Là, ce nous semble, doit exister une complète égalité. Mais nous la trouverions contre nature, nous dirions presque impie, si elle n'était pas impossible, du moment où on voudrait en essayer l'application sur tous les individus adonnés au même travail, à la même industrie. C'est cependent à quoi tendrait l'égalité de rémunération, quelle que fût l'inégalité de l'intelligence, de l'aptitude, de l'assiduité, en un mot de la quantité et de la qualité du travail produit.

Un seul homme, dans l'antiquité, conçut le projet d'un pareil système d'égalité, si ce n'est qu'il en faisait l'application aux hommes, au lieu de l'infliger aux salaires. Cet homme était Procuste, lequel, comme on le sait, faisait coucher ses prisonniers sur un lit, et les faisait rogner de manière à les réduire tous aux mêmes proportions. Est-ce bien sérieusement que l'on voudrait coucher les intelligences supérieures, les capacités hors de ligne sur le lit de Procuste ? Cela n'est pas possible.

C'est dans une république surtout que l'émulation doit être considérée comme la mère de toutes les grandes actions, de toutes les découvertes utiles qui tournent à la gloire et au profit de la patrie, enfin de tous les perfectionnements que l'esprit humain est capable de produire. Otez l'émulation d'une société, et vous la ferez tomber si bas, que le premier qui voudra s'en emparer s'en rendra maître. C'est le fait du despotisme d'éteindre toute émulation, en courbant les hommes sous un niveau de plomb ; n'est-elle pas au contraire dans son élément vital, quand elle aspire l'air inspirateur de la liberté ? La liberté ! C'est un mot bien doux et bien sonore ; il retentit bien harmonieusement aux oreilles des peuples ; mais si chacun, dans sa vie privée, dans sa famille, dans l'emploi de son temps, dans l'économie de son travail, dans l'utilité qu'il en peut retirer pour lui et pour sa femme et ses enfants, ne retrouvait pas la chose avec le mot, il faut avouer que la déception serait grande et cruelle.

Pour les esprits sages et réfléchis, pour tous ceux qui portent au cœur, sans jonglerie, sans forfanterie, l'amour de leur pays et la conscience de la dignité de l'homme, quel est le plus grand avantage que présente d'abord un gouvernement républicain ? C'est, sans contredit, l'égale répartition, non pas des facultés qui viennent de Dieu, mais de l'instruction, de l'éducation, en un mot, de tous les moyens capables de concourir au développement de ces facultés. Voilà ce qu'une république doit indistinctement et avant tout à tous ses enfants ; elle n'a pas le droit de laisser en friche la moindre parcelle du sol intellectuel de la nation. Mais ensuite, ira-t-elle envoyer des commissaires dans les maisons d'éducation de tous les degrés, pour s'assurer qu'aux concours il sera fait une égale répartition des prix entre les écoliers paresseux, constamment les derniers de leurs classes, et ceux qui, par leur application au travail et leur intelligence, se sont maintenus dans les premiers rangs, et promettent à la république des hommes dignes de la servir un jour ? Les prix ne constituent-ils pas le salaire des écoliers ? en enlever la distinction à ceux qui les ont mérités, pour les étendre à ceux qui s'en sont montrés indignes, serait-ce agir autrement qu'en fixant une injuste parité de salaire entre tous les travailleurs, bons et mauvais ?

Si l'émulation n'existait pas, il faudrait l'inventer et la propager partout. Loin de l'éteindre dans les ateliers de travail, il vaudrait mieux l'y encourager par des primes en faveur des travailleurs qui auraient le plus produit, et dont l'exemple aurait été pour les autres une incitation au travail.

Nous avons lu ce qu'a dit Rousseau de l'inégalité des conditions parmi les hommes. Comme lui, nous en déplorons l'injustice, ou plutôt le malheur, mais le moyen que cela soit autrement ? L'impossibilité est un terme qu'il faut bon gré malgré admettre dans le vocabulaire de l'humanité ; que si, d'ailleurs, les conditions sont nécessairement inégales, aucune de celles qui résultent du travail ne peut plus être frappée de réprobation, et c'était l'essentiel. Nous ne parlons pas, bien entendu, de ces conditions abjectes où conduisent le vice et la paresse, et qui sont à toutes les sociétés ce que les égouts sont à une grande cité ; nous ne parlons que des citoyens occupés et de ceux qui, par l'emploi d'une fortune honorablement acquise, entretiennent un luxe salutaire, sans lequel périraient tant d'industries. Faisons en outre observer que, sous le régime de la liberté et de l'égalité, ce que l'on appelait, du temps de Rousseau, l'inégalité des conditions, n'a, si l'on peut dire ainsi, plus rien d'individuel, et, par cela même de choquant, la république ouvrant toutes les carrières à tous les citoyens. Il n'y a donc plus de conditions, dès que chacun est le maître d'aspirer à celle qui lui convient, mais, répétons-le encore, sans émulation possible entre les individus, cette faculté ne sera plus qu'une illusion. Qu'on se reporte un moment, par la pensée, à l'époque où nos grandes armées républicaines produisirent spontanément tant de généraux, devenus si promptement illustres, et l'on aura une idée de ce que peut l'émulation en l'absence de tous ces stupides priviléges incompatibles avec la raison humaine et la loi divine. Il en sera de même parmi les travailleurs qui déjà malgré les obstacles qui les circonvenaient de toutes parts, ont donné à la France tant d'hommes distingués. C'est, au surplus, une expérience qui sera bientôt faite. Plus nous verrons de travailleurs à l'assemblée nationale constituante, et plus nous augurerons bien de ses travaux. Ils substitueront l'action à la parole, le positif à l'idéal, et l'or pur du bon sens au clinquant de l'esprit; et c'est ce qu'il faut à tous les honnêtes gens.

M. Louis Blanc, qui, longtemps avant que l'on crût à la fondation de la république, avait consacré sa rare intelligence à l'étude de la grande question du travail et des travailleurs, aura sans doute rendu un important service en coopérant d'une manière toute virtuelle à l'émancipation de l'armée qui l'a reconnu pour chef, et qu'il représente dans le gouvernement provisoire. Mais c'est précisément à cause de cela que les esprits ont dû s'effrayer, en voyant le propagateur d'une question aussi vaste l'écourter lui-même dans son application, et la frayeur fut d'autant plus grande, elle nous parut à nous d'autant plus fondée, qu'en nivelant le produit du travail des travailleurs, c'était, du moins en apparence, se mettre dans une sorte de connivence avec la secte des communistes.

On raconte qu'un jour le cardinal Mazarin, voulant séduire un magistrat dont le suffrage lui importait; lui fit offrir, sans plus de façons, un grosse somme d'argent. Le magistrat refusa avec indignation. « Il est incorruptible, s'écria le cardinal quand son émissaire lui eut rendu compte de sa mission, retournez auprès de lui, et flattez-le ; il doit avoir beaucoup d'amour-propre. »

Le cardinal Mazarin avait raison en thèse générale. A un bien petit nombre d'exceptions près, on est sûr de trouver pour mobile à la plupart des actions des hommes, soit l'orgueil, soit l'intérêt, quand ce n'est pas l'un et l'autre. Pourquoi, après tout, dans cette diversité infinie d'esprits habitant des cerveaux humains, ne s'en trouverait-il pas chez qui l'instinct du désordre et de la subversion est inné, comme d'autres ont reçu en partage l'instinct de l'ordre et de la conservation ? Combien de genre de folie porte le masque de la raison.

Le communisme, cependant, part d'un principe généreux ; on ne doit pas être surpris qu'il ait fait beaucoup d'adeptes, et s'il s'était renfermé dans de sages limites, il eût été difficile de l'y attaquer, ou plutôt on eût grossi le nombre de ses partisans, bien loin de vouloir se ranger parmi ses antagonistes. Mais malheureusement on ne s'arrête pas sur une pente, et celle sur laquelle le communisme s'est placé est si rapide et si glissante, qu'il eût infailliblement entraîné au fond du précipice toute société qui eût voulu le prendre pour guide. Le communisme n'est pas d'ailleurs une invention nouvelle. Vers la fin du XIIIe siècle, il existait en Italie une secte dite des *fratricelli*, dont le quartier-général était à Milan. Les fratricelli mettaient tout en commun, même les femmes, et brûlaient les enfants qui provenaient de leurs accouplements au hasard. Avaient-ils commencé par là ? Non sans doute, mais ils s'étaient placés sur une pente, et ils durent obéir à la fatalité qui ne leur permettait pas de s'arrêter. Du moins les fratricelli se cachaient dans l'ombre, et n'aspiraient pas au gouvernement d'un grand empire, au nivellement de la société la plus civilisée du monde.

Le communisme est né de l'esprit d'association, dont il n'est, en réalité, que l'extension forcée, sans bornes, sans limites ; et c'est ici que ressort le danger attaché aux exagérations appliquées aux choses les meilleures. Il serait superflu de faire ici l'éloge de l'esprit d'association et d'en signaler les innombrables bienfaits ; il est peu de personnes qui ne l'aient éprouvé sur une échelle plus ou moins grande ; mais cet esprit lui-même, si fécond en heureux résultats, serait frappé de stérilité, du moment où une association serait contrainte au lieu de provenir de la libre volonté des associés. Ce n'est qu'au bagne que l'on trouve des associations forcées : ce sont celles qui existent entre deux forçats attachés à la même chaîne.

Le dernier gouvernement a merveilleusement bien servi le communisme dans sa croissance et ses développements. L'ombre et le mystère, qu'un gouvernement ombrageux semble conseiller aux sociétés secrètes, qu'il grossit toujours par les mécontentements qu'il cause et dont il voudrait étouffer les plaintes, leur sont nécessaires pour se former, s'entendre et se préparer, jusqu'au moment où, se croyant en force et en nombre suffisants, elles découvriront leur but et y marcheront au grand jour. Pour les communistes, *la poire n'était pas encore mûre,* comme disait familièrement Napoléon, lorsqu'il attendait un moment favorable pour substituer l'empire à la république consulaire. Voilà pourquoi la république, en surgissant inopinément des barricades du 24 février, a moins désappointé peut-être ceux qui ne la voulaient pas, que ceux qui la voulaient selon le communisme.

Ainsi donc la république a sauvé la France de l'envahissement du communisme. Cela ressort des faits qui se sont succédés si rapidement et de la déclaration des chefs communistes. Dès les premiers jours, n'avons-nous pas lu dans la lettre d'adhésion de M. Cabet, leur chef reconnu, au gouvernement provisoire, que le communisme était satisfait, mais seulement *pour le moment,* regardant la fondation de la république, non pas comme un but atteint, mais seulement comme une position conquise, comme un lieu de station propre à devenir un nouveau point de départ. De là sont venues les terreurs qui ont si gravement compromis la tranquillité publique et menacé le crédit national d'une ruine imminente.

Tous les communistes sont républicains ; grâce à Dieu, l'immense majorité des républicains n'est pas communiste. Nous en avons acquis la preuve rassurante dans les dernières et solennelles manifestations dont Paris a été récemment le théâtre à peu de jours de distance. La certitude acquise alors que la garde nationale tout entière, l'immense majorité des travailleurs de toutes les industries, les écoles et la jeune garde mobile, qui déjà par sa tenue et ses bons services dépasse ce qu'on en pouvait espérer, répudiaient le communisme, a suffi pour raffermir le crédit et la sécurité ébranlés.

La dissidence du communisme pur avec le républicanisme vrai est d'ailleurs de nature à expliquer bien des choses qui pouvaient paraître anormales. Telle est, au premier rang, la division des républicains en républicains de la veille et en républicains du lendemain. Nous avons parlé ailleurs de cette division, nous ne reviendrons donc pas sur ce que nous en avons dit; nous ajouterons seulement à nos observations que les communistes, avouant aujourd'hui ce qui se passait dans leurs conciliabules occultes, constituent la majeure partie des républicains de la veille, et que, s'ils mettent tant d'acharnement à proscrire ceux du lendemain, à les traiter de réactionnaires, c'est qu'ils voudraient, en s'imposant par la terreur, reconquérir une position perdue pour eux, non pas au profit de la monarchie, mais au profit de la république.

Tel est, ce nous semble, le véritable état des choses; nous ne disons rien de trop, et nous pouvons ajouter que les provinces redoutent le communisme au moins à l'égal de Paris.

Nous n'avons point à examiner ici la conduite des commissaires du gouvernement provisoire, envoyés par M. le ministre de l'intérieur dans les départements, pour y remplacer les anciens préfets; les journaux n'ont que trop retenti de plaintes à ce sujet; nous dirons même que, dans l'impartialité de notre jugement, nous n'avons pas trouvé que ces plaintes fussent toutes fondées, mais nous avons recueilli une circonstance où le communisme s'est montré tellement à découvert, tellement à nu par un de ses organes, qui était en même temps commissaire du gouvernement, qu'il n'y a rien à lui reprocher qu'il n'ait avoué lui-même, dont il ne se soit vanté.

« La garde nationale n'est pas du peuple, ce sont de riches bourgeois, et si elle nous résiste, nous ferons feu. Elle compte cent cinquante mille hommes dans Paris; mais nous en viendrons à bout : nous serons plus de trois cent mille hommes dans Paris. — Quel est donc ce parti de trois cent mille hommes dans Paris? Serait-ce des communistes? Est-ce que vous croyez tous les ouvriers de Paris communistes? — Précisément, et quand bien même nous ne serions pas trois cent mille, la garde nationale s'intimidera devant nous, comme elle l'a fait le 24 février, et nous ferons ce que nous voudrons. »

Ce qui précède est textuellement extrait d'une conversation qui eut lieu entre M. Chauvot, étudiant en droit à la faculté de Paris, et M. Xavier Sauriac, commissaire du gouvernement à Montauban. Nous l'avons emprunté à une lettre signée de M. Chauvot, et que les journaux ont publiée. Nous en citerons encore un fragment.

« Vous n'êtes pas républicains, et il n'y a de républicains, de vrais républicains, que les républicains de la veille. Nous n'en connaissons pas d'autres; aussi nous ne voulons à l'assemblée que des républicains de la veille; quant à ceux du lendemain, nous n'en voulons pas, et il n'en viendra pas. — Mais si les départements vous en envoient, si Paris même en nomme, il faudra bien que vous les receviez. — Non, nous ne les recevrons pas. — Comment donc? — Je vous dis que nous ne les recevrons pas; ils n'arriveront pas jusqu'à la chambre. — Je ne vous comprends plus. — Ils n'arriveront pas, parce qu'il y a le pont à passer, et, au dessous du pont, la Seine. »

Voilà donc, d'après les propres aveux d'un communiste, la théorie du communisme, — car personne n'a réfuté la lettre de M. Chauvot, — touchant la liberté, l'égalité et la fraternité. Celle qui concerne la propriété n'est pas moins édifiante; on en pourra juger par ce peu de mots :

« Attendez deux ans, et vous verrez entre quelles mains seront les propriétés. Vous verrez si les successions collatérales ne sont pas abolies à la première session de la chambre, et si les successions en ligne directe, que nous accorderons, pour ne pas trop froisser les habitudes routinières, résisteront longtemps à notre nouveau plan de société. »

M. Xavier Sauriac, dont les paroles l'avaient devancé à Montauban, ne put s'y installer ; un élève de l'École polytechnique, qui l'accompagnait, lui adressa ces paroles, en présence de la foule qui encombrait les salons de la préfecture : « Je suis venu avec vous pour protester contre le terrorisme et le communisme. » C'était le langage d'un franc républicain sans date, après celui d'un communiste, républicain de la veille.

Hâtons-nous de faire observer, à l'honneur de la république et du gouvernement provisoire, que les malencontreux aveux du commissaire de Montauban ont formé une exception, et d'ailleurs Paris tout entier s'est assez hautement prononcé, le jour de la grande revue du Champ-de-Mars, pour que les esprits les plus timorés soient rassurés à l'endroit du communisme, qui serait le plus grand fléau des travailleurs, puisque, sous son régime, l'oisiveté serait conviée à partager le fruit du travail.



Imprimerie de RAYNAL, à Rambouillet.

EN VENTE CHEZ LES MÊMES ÉDITEURS.

| | | |
|---|---|---|
| **RÉVOLUTIONS DE L'EUROPE**, 1 vol. in-8. . | 3 fr. | » c. |
| **REVOLUTION FRANÇAISE** en 1848. (Précis historique de la ), 1 vol. in-8. . . . . . . | 1 | 25 |
| **RÉVOLUTION DE** 1848,1 vol. in-8 . . . . . | 1 | |
| **RÉVOLUTION DE PARIS**, in-8. . . . . . . | | 25 |
| **RÉVOLUTION DE BERLIN**, in-8. . . . . . . | | 25 |
| **RÉVOLUTION DE VIENNE**, in-8. . . . . . . | | 25 |
| **RÉVOLUTION DE POLOGNE**, in-8. . . . . . | | 25 |
| **RÉVOLUTION D'ITALIE**, in-8.. . . . . . . | | 25 |
| **RÉPUBLIQUE DE SAINT-MARIN**, in-8. . . | | 25 |
| **RÉPUBLIQUE DE PLATON**, in-8. . . . . | | 25 |
| **RÉPUBLIQUE D'ANDORRE**, in-8. . . . . | | 52 |
| **POLITIQUE D'ARISTOTE**, in-8. . . . . . . | | 25 |
| **LE PEUPLE SOUVERAIN**, 1 vol. in-8, illustré . | 3 | |
| **CÉSAR AUX ÉLECTIONS**. Suffrage universel. in-8 | | 25 |
| **MIRABEAU A LA CONSTITUANTE**, in-8. . | | 25 |
| Avec le portrait de MIRABEAU. . . . | | 50 |
| **BARRICADES** (les). Avec un dessin représentant la Barricade du Faubourg-Montmartre, in-8 . | | 50 |
| Sans dessin. . . . . . . . . . . . . . | | 25 |
| **PEUPLE** (le) **EN ACTION**, in-8. Avec un dessin représentant la Prise du Château-d'Eau.. . . | | 50 |
| Sans dessin . . . . . . . . . . . . . | | 25 |
| **JÉSUS-CHRIST**. Liberté, Égalité, Fraternité, in-8 | | 25 |
| Orné de la SAINTE-FACE. . . . . . . | | 50 |
| **PIE IX**, régénérateur du monde, in-8. . . . | | 25 |
| Avec le portrait de SA SAINTETÉ. . . . | | 50 |
| **CHANTS NATIONAUX ET PATRIOTIQUES**, in-8 . . . . . . . . . . . . . . . | | 25 |
| Orné d'un beau portrait de BÉRANGER. . | | 50 |
| **POÉSIES NATIONALES ET RÉPUBLICAINES**, in-8 . . . . . . . . . . . . . . . . | | 25 |
| Orné d'un beau portrait de LAMARTINE . | | 50 |
| **MANIFESTE DE LAMARTINE**. in-8. . . . | | 25 |
| Orné de son portrait. . . . . . . . . | | 50 |
| **MORCEAUX D'ÉLOQUENCE CIVIQUE**, in-8 . | | 25 |
| **LES COMPAGNONS DU DEVOIR**, in-8. . . . | | 25 |
| **LE TÉLÉMAQUE RÉPUBLICAIN**. . . . . | | 25 |
| **L'ARBRE DE LA LIBERTÉ**, in-8 . . . . | | 25 |

188

www.ingramcontent.com/pod-product-compliance
Ingram Content Group UK Ltd.
Pitfield, Milton Keynes, MK11 3LW, UK
UKHW012133240726
13965UKWH00005B/2148

9 782013 184724